Adolph Wagner

Zum Problem der Willensfreiheit

Adolph Wagner

Zum Problem der Willensfreiheit

ISBN/EAN: 9783743321120

Hergestellt in Europa, USA, Kanada, Australien, Japan

Cover: Foto ©Suzi / pixelio.de

Manufactured and distributed by brebook publishing software (www.brebook.com)

Adolph Wagner

Zum Problem der Willensfreiheit

Studien und Skizzen
aus
Naturwissenschaft und Philosophie

von

Dr. Adolf Wagner

I.
Über wissenschaftliches Denken und über populäre Wissenschaft

Berlin
Verlag von Gebrüder Borntraeger
SW 46 Schönebergerstr. 17a
1899

Wer über theoretische wissenschaftliche Fragen sprechen oder schreiben will, sollte eigentlich von rechtswegen vorher immer eine Art wissenschaftliches Glaubensbekenntnis ablegen müssen, er sollte Farbe bekennen, wie er denkt, d. h. nach welchen Principien und Maximen, und mit welchen Anforderungen er an die wissenschaftliche Gedankenarbeit herantritt. Ein derartiges Bekenntnis wäre, wenn es allgemein abgelegt würde, von mehrfachem Nutzen. Erstens würde ein solches Verfahren jeden Forscher nöthigen, mit sich selbst über seine fundamentalen Anschauungen in's Reine zu kommen, was von vornherein durchaus nicht bei Allen der Fall ist und vielfach recht heilsam wäre. Zweitens würde der Hörer oder Leser dann von Anfang an wissen, auf welcher Stufe der Wissenschaftlichkeit Derjenige steht, der gerade zu ihm spricht — vorausgesetzt, dass das Bekenntnis ehrlich und klar und nicht ein zweideutiges Geflunker sei — und drittens würden wissenschaftliche wie nichtwissenschaftliche Kreise dabei die ebenso überraschende wie belehrende Erfahrung machen, ein wie vielgestaltiges Wesen die Wissenschaft ist und wie viele verschiedene Anschauungen, Überzeugungen, Methoden etc. sich hinter diesem allgemeinen Begriffe verbergen, während der Laie vielleicht in dem Glauben lebt, mit dem Worte »wissenschaftliches Denken« sei schon alles gesagt. Es wäre ja allerdings alles damit gesagt, nämlich: Streben nach Erkenntnis und Wahrheit. Aber wie verschieden kommt in verschiedenen Köpfen dieses Streben zum Ausdruck! Die Begriffe Erkenntnis und Wahrheit scheinen dehnbar wie weiches Wachs! Der Eine glaubt bereits an gesicherte Erkenntnis, wo der Andere noch falschen Schein wittert, oder gar solchen schon entdeckt hat; der Eine fühlt sich von erreichter Erkenntnis befriedigt, wo für den Anderen erst die eigentliche Arbeit beginnt; der Eine schwelgt bereits in Begeisterung, wo der Andere die Stirne in krause Falten zieht; und während Dieser noch mit Anwendung aller geistigen Kräfte sinnt und grübelt, sieht und hört ihm Jener verständnislos zu und denkt wohl gar im Stillen, bei dem müsse »eine Schraube losgegangen« sein. So können sich zwei Männer der Wissenschaft kalt und fremd gegenüberstehen. Während der Eine den Standpunkt des Andern vielleicht als einen verfehlten, unwissenschaftlichen, überspannten verurtheilen möchte, wird sein eigener Standpunkt von Diesem nur als kindliche Anfangsstufe wissenschaftlichen Denkens betrachtet. Tausend Gelehrte — tausend Ansichten. Wer hat Recht von allen denen? Vor sich selbst — jeder; vor der Allgemeinheit vielleicht — keiner.

Dem Skeptiker ist es nicht gar so übel zu nehmen, wenn er an der Möglichkeit aller Erkenntnis zweifelt — der Zwiespalt im Denken, der von jeher war, und vielleicht immer sein wird, giebt ihm ein Recht dazu. Wenn angesichts der wissenschaftlichen Thatsachen doch der Eine so, der Andere anders zu denken vermag — wo ist da eine Gewähr für sichere Erkenntnis zu finden? Und dennoch ist der Skeptiker wenigstens bis zu einem ziemlich hohen Grade im Unrecht. Denn es gibt entschieden eine sichere Gewähr, wenigstens für ein Fortschreiten der Erkenntnis: Genaue Ermittelung der Thatsachen, möglichst weitgehende kausale Analyse derselben und strenge, vor keinem Resultat zurückschreckende Anwendung der Kritik des Gefundenen. Die Wahrheit liebt es nicht, dass man ihr Vorschriften mache, sie will so genommen sein, wie sie sich zeigt. Wer von ihr verlangt, dass sie in diesem oder jenem Gewande erscheinen solle, dem zeigt sie sich gar nicht. Freilich — mit der eben gestellten Anforderung an das wissenschaftliche Denken begegnen wir wieder derselben Schwierigkeit: Beobachten können die Meisten, die Erfahrung analysieren können Viele, an der Erfahrung die nöthige strenge Kritik üben können aber nur wenige. Denn diese erfordert einen Grad der Selbstbesinnung, wie ihn auch unter Forschern bei weitem nicht alle erreichen. Vielleicht lässt sich ein solcher Grad intellektueller Vertiefung gar nicht anerziehen, sondern ist er ein unmittelbares Geschenk der Natur. Hierüber kann erst die Zukunft die Entscheidung liefern. Bleibt die Ausübung philosophischer Kritik dauernd nur die Eigenschaft Einzelner, dann muss man sie als einen Ausfluss specieller individueller Begabung betrachten und die Hoffnung aufgeben, dass sie Gemeingut aller Denkenden werde und dadurch einer befriedigenden Vervollkommnung entgegen gehe. Gewinnt sie aber an Boden — und es hat gegenwärtig den Anschein — dann darf man in ihr eine nothwendig gewordene Entwickelungsphase des geistigen Fortschrittes begrüssen, welche sich mit Naturnothwendigkeit zu ihrem Rechte verhelfen wird.

Das Gesagte gilt von der theoretischen Wissenschaft, vom philosophischen Denken, welches über die Grenze des sinnlich Wahrgenommenen eine Brücke schlagen will in's Übersinnliche (aber nicht Übernatürliche!). Die Erforschung des sinnlich Erkennbaren geht ihre eigenen Wege — und dies zum Glücke der Menschheit, denn sonst wäre der Fortschritt der empirischen Wissenschaften ein ebenso langsamer, wie der der theoretischen Erkenntnis. Der eminente und verblüffend rasche Fortschritt der empirischen Wissenszweige erklärt sich ja daraus, dass für dieselben blosse Beobachtung und kausale Analyse in Betracht kommen. Auch die Kontrole ist leichter zu üben — es wird eben

Alles ausgeschieden, was nicht Beobachtungsthatsache ist und damit allen Sprüngen einer unwissenschaftlichen Phantasie ein Ende gemacht. Zu solcher Arbeit ist jeder einigermassen tüchtige Kopf befähigt. Anders steht es mit dem theoretischen Denken. Hier kommt zu obigen Thätigkeiten noch scharfes Urtheilen, tiefe Selbstbesinnung und vor allem Unvoreingenommenheit als Erfordernis dazu — Eigenschaften, die sich nicht immer vereint finden. Zu allem Übel gesellt sich dann noch der Umstand, dass es sich hier nicht mehr um greifbare Thatsachen, sondern um eine logische Verbindung von solchen, um Abstraktionen, Begriffsbildungen etc. handelt und damit allerdings einem erschreckenden Heere von Irrthümern, Willkürlichkeiten etc. alle Wege geöffnet erscheinen. Einen thatsächlichen Irrthum berichtigen ist nun leicht, so lange man mit dem Finger auf das Ding hinweisen kann und der zu Belehrende sehen muss, wenn er nicht gewaltsam die Augen zudrückt. Aber einen theoretischen Irrthum —?
Einen theoretischen Fehler so aufdecken, dass jeder ihn einsehen muss, ist schwerer, als zehn neue Naturgesetze aufzufinden. Es ist sogar

eine Unmöglichkeit. Denn da man hier lediglich mit logischen Argumenten zu hantieren hat, so wird man nur Denen gegenüber erfolgreich bestehen, welche über einen gleichen Grad logischer Urtheilsschärfe und über eine gleich klare Begriffsbildung verfügen. Wo das Urtheil oberflächlich und die Begriffe unklar sind, kann man sich die Arbeit ersparen. Dabei kann man gegebenen Falles jemandem wohl unschwer beweisen, dass er noch zu wenig wisse, um über diese oder jene Sache entscheiden zu können; dass er aber zu wenig Urtheilskraft besitze, um darüber zu reden, wird man niemandem begreiflich machen. Und doch ist nicht selten gerade dies der wunde Punkt. Da darf man sich dann nicht wundern, wenn im Gebiete des theoretischen Wissens, also speciell des philosophischen Denkens, der schwächere Intellekt auf mancherlei Abwege geräth, der stärkere aber erschrocken vor dem Anblicke der Uneinigkeit und Wirrnis Halt macht und sich Gedanken über die Aussichtslosigkeit solcher Forschungen hingiebt. Ebensowenig darf es Wunder nehmen, wenn nur Wenige den Muth finden, über die Anderen hinweg zu schreiten und in freudiger Hoffnung weiter zu suchen — in der bestimmten Voraussicht, lange allein wandern und manches herbe Wort von Denen hören zu müssen, die nicht mitkommen können. Der empirische Forscher hat es leicht, der theoretische sehr schwer. Der erstere redet zu den Augen und Ohren seiner Mitmenschen, der letztere zu ihrer Vernunft und Urtheilskraft. Augen und Ohren sind im Allgemeinen bei allen gleich leistungs- und bildungsfähig. Von Vernunft und Urtheilskraft lässt sich leider nicht das Gleiche sagen. Und darum hat der Theoretiker schweren Stand. Und zwar um so schwereren, je tiefer er eindringt, d. h. sich von dem sinnlich Augenfälligen entfernt. Und dennoch giebt erst die Theorie der Wissenschaft die Weihe, muss das theoretische Denken über allem gleichsam als beseelendes Princip schweben, wenn die Wissenschaft nicht zum Handwerk herabsinken soll. Mit Philosophie hat das wissenschaftliche Denken eingesetzt und in Philosophie wird es wieder ausklingen, wie oft es sich auch scheinbar und angeblich von ihr entfernt hat. Aber der Weg ist dornenvoll und mit Irrthümern besäet. Niemand kann voraussagen, wie oft er hängen bleiben wird, niemand sich rühmen, dass er keine Irrthümer vom Wege auflesen und mitschleppen werde. Aber deshalb keine Muthlosigkeit! Weil es gegenwärtig noch betrübend um die theoretische Wissenschaft steht, ist man nicht berechtigt, die Flinte in's Korn zu werfen. Die empirische Wissenschaft hat es ja bedeutend leichter. Aber wenn sie in plötzlichem Aufschwunge so ungeahnte Erfolge erreicht hat, so dürfen wir hoffen, dass auch für das theoretische, will sagen philosophische Denken eine Periode grösserer Klarheit und Sicherheit zu erwarten stehe. Die Bedingungen hierfür sind seltenere, die Schwierigkeiten weit grössere — so müssen wir mit bescheidenen, langsamen Fortschritten zufrieden sein. Was rasch gedeiht, ist nicht immer das Dauerhafteste.

Den späteren Ausführungen vorgreifend, will ich hier gleich eine Bemerkung einschalten. Das beste Mittel, wissenschaftliches Denken zu fördern und überhaupt wissenschaftlichen Geist zu wecken, ist in der Verbreitung und Verallgemeinerung wissenschaftlicher Lektüre gegeben. Das wissenschaftliche Denken, beziehe es sich auf was immer für Probleme, soll nicht gleichsam zum Vorrecht einer bevorzugten Klasse gestempelt werden — es sei der Allgemeinheit gegeben. Bezüglich der Fähigkeit des nicht »fachlich« vorgebildeten intelligenten Theiles der Menschheit, solche Kost zu verdauen, stelle man keine apriorischen Lehrsätze auf, sondern überlasse das dem Erfolge. Ich glaube, man wird überraschende Resultate zu verzeichnen haben. Es geschieht ja anerkennenswert viel in dieser Hinsicht und populärwissenschaftliche Schriften giebt es mehr, als Mancher vielleicht für nothwendig erachtet. Aber dieses Popularisirungsbestreben ist meistens einseitig. Meist handelt es sich um Darstellung empirischen Thatsachenmaterials — was natürlich nothwendige Grundlage ist — über theoretische Fragen und speciell fundamentale Probleme schweigen sich unsere populären Bücher gewöhnlich gründlich aus. Und wenn sie dies nicht thun, dann bringen sie fast immer nur die willkürlichen Hypothesen des Materialismus und zwar in jenem lehrhaft dogmatischen Tone, der den Laien glauben machen muss, es sei da alles klipp und klar. Von einer Kritik, einer zu eigenem Denken anregenden Behandlung des

Problems, einem Vergleichen und Prüfen der Principien — wenig zu sehen. Dogmatische Lehrsätze oder nichts. Das ist ungefähr die Parole. Mit anderen Worten: Die modernen populären Bücher thun sehr viel zur Verallgemeinerung des Wissens, aber herzlich wenig zur Verallgemeinerung des Denkens. Und letzteres ist mindestens ebenso wichtig für den Fortschritt der Menschheit. Doch darüber später.

Wie die Sachen gegenwärtig stehen — zum Theil vielleicht gerade infolge gewisser populärer Schriften — ist es heute beinahe ein Wagnis, coram publico das Wort »Philosophie« in in den Mund zu nehmen. Das Publikum ist philosophiescheu gemacht. Man läuft dabei Gefahr, von jemandem, der ein paar chemische Formeln kennt und einen Gleichstrom von einem Wechselstrom zu unterscheiden weiss, mit einem geringschätzigen Achselzucken abgethan zu werden. Freilich muss man geringe Liebe zur Wissenschaft haben, wenn man sich durch das abschrecken lässt. Aber obwohl die Königin der Wissenschaften, ist oder war doch in letzter Zeit die Philosophie das Aschenbrödel der Gelehrten und auch vielfach des Publikums, das Aschenbrödel, dem jederzeit ein unwilliges »Marsch!« entgegentönte, wenn es sich in Erinnerung bringen wollte. Es ist ja wahr — man hatte dem Königskinde allzuviel Flitter angehängt, es allzusehr mit falschem Geschmeide geziert, so dass man misstrauisch wurde gegen seine vornehme Abkunft. Aber die Sache hat auch noch eine andere Seite. Das Königskind war Vielen im Wege, die in ihrer Alltagsweisheit nicht neben ihm bestehen konnten. Darum hüllten sie es in's Magdgewand und schickten es in die Küche. Da ahnen nur Wenige den königlichen Sinn unter den dürftigen Fetzen und Viele empfinden es als Erniedrigung, mit der Verstossenen Umgang zu pflegen. Aber das Königskind ist stolz wie die Prinzessin im Märchen und wartet, bis einer die Perle wieder erkennt in der rauhen Schale und den Muth haben wird, Hand in Hand mit ihm vor die Welt zu treten. Wann der Erlöser für das Aschenbrödel kommen wird, liegt im Schosse der Zukunft. Aber er wird kommen. Und dies ist der Trost für Jene, denen bei dieser Zurücksetzung das Herz blutet.

Man wird vielleicht staunen über dieses

Gleichnis. Steht es denn so schlecht mit der Philosophie? In unserem aufgeklärten, wissenschaftlichen Jahrhundert? — Wenn's nicht gar so ungereimt klingen möchte, so wäre man versucht zu sagen, unser gegenwärtiges Zeitalter sei zu wissenschaftlich, um philosophisch sein zu können. Verzeihe mir diese Ungeheuerlichkeit, liebe Philosophie — der Stachel dieses Paradoxons trifft nicht dich, sondern die Wissenschaft. Gar viel wird Wissenschaft getrieben, vom bescheidensten Dilettanten bis zum Universitätsprofessor, aber es ist ein eigen Ding um das wissenschaftliche Denken. Den Einen begeistert es zu hohem Gedankenflug, weckt neben dem heissen Drange nach Erkenntnis ein weites Gefühl für die Welt, eine gesteigerte Fähigkeit, die Geheimnisse des Universums zu fühlen, — den Anderen ernüchtert sie, verödet sein Denken; sein Arbeiten, in einseitige Geleise gelenkt, wird schablonenmässig und er verliert den Blick für das Allgemeine. Solcher, die durch die Wissenschaft gleichsam ernüchtert werden, giebt es nicht wenige unter den Gelehrten und der Rückschlag auf das Publikum, das seine Belehrung nicht anders, als aus den Händen dieser oberen Zehntausend empfangen kann, bleibt nicht aus: Es wird ebenfalls ernüchtert. Und diese Ernüchterung, welche dann nach einem Gleichgewichte sucht, lässt, wenn sie sich zu philosophischem Denken aufschwingen möchte, den Einzelnen vergessen, dass er Mensch unter Menschen, Organismus unter Organismen, dass er nicht Herrscher und Lenker, sondern als Erzeugnis der Natur im Universum vom Naturlauf beherrscht und gelenkt ist und führt schliesslich zu den haarsträubenden Philosophemen, welche die rücksichtslose Durchführung der einzelnen Individualität als höchstes Ziel preisen und ihrem innersten Wesen nach nichts anderes sind, als eine Apotheose des schrankenlosen thierischen Egoismus.

Das sind dann schlechte Zeiten für eine wahrhafte und ernstgemeinte Philosophie. Wenn die Verirrung des verödeten menschlichen Geistes soweit gehen kann, dass die edlen Erzeugnisse der bildenden Künste und das mächtige Streben des forschenden Geistes für verkehrt und thöricht ausgeschrieen werden, weil sie das Individuum von der ausgiebigen Befriedigung seiner thierischen Triebe abhalten, wenn anderseits an den Stätten der Wissenschaft vielfach der Philosophie nur durch die Thürspalte ein armseliges Almosen gereicht wird, — wen darf es da Wunder nehmen, wenn die edelste der Wissenschaften entsetzt solcher Behandlung entflieht und sich verbirgt und wenn der Laie, durch den Schein getäuscht, sich dem Glauben hingiebt, Philosophie sei ein überwundener Standpunkt! Es drängt sich nun die Frage auf, ob die Philosophie nur von einer vorübergehenden Zeitströmung beiseite geschwemmt ist, um sich wieder zu erheben, sobald diese Hochfluth vorübergerauscht ist, oder ob sie an inneren Gebrechen hilflos danieder liegt. Da muss denn doch der Wahrheit zur Ehre die letztere Frage mit einem erleichternden Nein! beantwortet werden. Die Philosophie als solche ist nicht dem Untergange geweiht, denn sie kann einem solchen nicht mehr unterliegen, seit sie durch den gigantischen Geist Kants auf eine Entwickelungsstufe gebracht wurde, von der man sie nicht mehr herabstossen kann — wenn man überhaupt etwas davon weiss. Wie immer die weitere Entwickelung des philosophischen Denkens verlaufen mag, Kants principieller

Standpunkt — der philosophische Kriticismus — kann so wenig mehr ignorirt werden, als ein Astronom heutzutage noch auf das ptolemäische System zurückzugreifen vermöchte. Es giebt eben Marksteine auf dem Entwickelungswege der Wissenschaft, hinter welche nicht mehr zurückgegangen werden kann. Und eben deshalb hat Kant durch seine Geistesthat der Philosophie eine, wenn auch langsame, Fortentwickelung gesichert. Nicht die Philosophie als solche ist in Verfall gerathen, sondern die Pflege echt philosophischen Denkens und der Grund hierin liegt in dem Mangel philosophischen Geistes in der letzten Gelehrtengeneration. Gar manche Gründe giebt es, welche diesen Mangel zu erklären vermögen, aber keine, welche ihn rechtfertigen können. Die Ausartung der Philosophie zu Beginn dieses Jahrhunderts, der Drang nach zweifelsfreiem, empirischem Wissen als Basis für das wissenschaftliche Denken gab den Anstoss zu diesem Umschwung der Principien. Diese Umkehr, dieses Sich-Besinnen auf die Nothwendigkeit eines reichhaltigen, einwurfsfreien Thatsachenschatzes war nothwendig, erfreulich und segensreich. Aber wie es häufig geht —

wenn man einem Extrem ausweichen will, geräth man in's entgegengesetzte. Ein Vorgang, der sich hier nicht zum ersten Male abspielte. Während vorher die Spekulation in's Blaue — um mich so auszudrücken —, das Operiren mit möglichst inhaltslosen Begriffen die Hauptsache war, und es den Thatsachen und Axiomen des vernünftigen Denkens überlassen blieb, wie sie sich damit abfinden mochten, häufte man in der Folge Beobachtung auf Beobachtung, begann aber gleichzeitig wieder zu spekuliren, Hypothesen zu schmieden und vergass dabei, dieselben unter Aufsicht der philosophischen Kritik zu stellen. So kam die letztere mehr und mehr in Vergessenheit. Leute, die zu Allem eher tauglich waren, als einen Kant zu begreifen, schoben ihn einfach bei Seite und erklärten ihn für veraltet; wissenschaftliche Oberflächlichkeit gepaart mit geistiger Bequemlichkeit erklärte die philosophische Kritik in Acht und Bann — und die Folge war: Der öde, inhaltslose und widerspruchsvolle wissenschaftliche Materialismus der Gegenwart. Wohl ist nicht zu läugnen, dass manche philosophische Spekulation viel Schaden gestiftet und manche Köpfe dem gesunden Denken entfremdet hat. Aber es ist eben nicht jede Philosophie zugleich wissenschaftlich, wie nicht jedes Erzeugnis der Kunst zugleich schon künstlerischen Werth besitzt. Deswegen aber der Kunst die Bedeutung und Berechtigung abzusprechen, weil ein paar Stümper werthlose Zerrbilder geschaffen haben, wäre ebenso verkehrt wie eine Verurtheilung der Philosophie auf Grund gelegentlichen unwissenschaftlichen Missbrauchs derselben.

Es kommt also immer wieder auf die Frage hinaus — wodurch ist das wissenschaftliche Denken charakterisiert? — Die Beziehungen, in denen der Mensch vor seinem eigenen Bewusstsein zu der ihn umgebenden Aussenwelt steht, sind ungeheuer mannigfach. Ja, man kann füglich behaupten, sie seien in ihrer Verschiedenheit so zahlreich wie die Individuen. Denn in jedem Kopfe stellt sich die Welt anders dar und es wird wohl kaum zwei Menschen geben, die über sich und das Universum genau gleich denken, auch dann nicht, wenn sie sich zu denselben Anschauungen bekennen. Man kann dies mit demselben Rechte behaupten, mit dem man sagen kann: So viel Köpfe, so viel Religionen. Jeder hat seinen eigenen Glauben und wenn auch noch so Viele sich um eine gemeinsame Fahne schaaren, bildet sich doch Jeder seinen Glauben des Näheren nach seinen individuellen geistigen Kräften und ethischen Bedürfnissen aus. Man kann — in dieser Hinsicht — recht wohl wissenschaftliches Denken und religiösen Glauben in Parallele setzen, denn sie wurzeln ja beide in demselben Triebe — in dem Drange nach einer über die unmittelbare Erfahrung hinausgehenden Erkenntnis, in dem Drange, über sein eigenes Dasein und über die Räthsel der Welt vor dem eigenen Bewusstsein eine Erklärung zu besitzen. Deshalb hat der Glaube dort unbeschränkte Herrschaft, wo die wissenschaftliche Erkenntnis fehlt und deshalb setzt auch beim wissenschaftlich Denkenden der Glaube dort ein, wo der vernunftgemässen Erkenntnis der Weg verrammelt ist, oder der Betreffende wenigstens der Meinung ist, dass es kein Vorwärtsdringen mehr gebe. Darum auch verliert der Glaube so viel an Terrain, als das wissenschaftliche Denken sich erobert — eine Thatsache, die sich nicht mit schönen Phrasen verdecken lässt, weil sie sich mit logischer Nothwendigkeit von selbst ergiebt.

Und aus diesem Grunde, aber auch nur aus diesem, eifern alle Jene so gegen die Verallgemeinerung des Wissens und wissenschaftlichen Denkens, denen aus persönlichen Gründen daran gelegen ist, die Menschheit auf dem Standpunkte des dogmatischen Glaubens zu erhalten. Wer etwa der guten Meinung ist, aus **sachlichen** Gründen gegen die Aufklärung wirken zu sollen, dem muss bedeutet werden, dass er deren Bedeutung für den Menschen nicht erfasst hat. Der Glaube wird durch das wissenschaftliche Denken nicht einfach **verdrängt**, sondern **ersetzt**, er nimmt eine neue, den Gesetzen der Vernunft und den Thatsachen gerecht werdende Form an, und steht daher dann auf viel festerer Basis und gewährt dabei noch die hohe Befriedigung, die schönste Fähigkeit des Menschen, die Vernunft, nicht unterdrücken zu müssen. Es leben Viele heutzutage auf der lieben Mutter Erde, die den einstigen Dogmenglauben gegen wissenschaftliche Überzeugung eingetauscht haben — man merkt nichts davon, dass sie dadurch schlechter oder unglücklich geworden sind, so wenig als sich bemerken lässt, dass die Menschen, welche im starren Dogmenglauben leben. darum besser wären oder eine glücklichere Klasse der Menschheit darstellten. Es sieht wenigstens gar nicht danach aus. — Es mag freventlich sein, einem Menschen den Dogmenglauben nehmen zu wollen, wenn man einmal einsieht, dass dieser ihm Bedürfnis und dass sein Intellekt den Anforderungen des wissenschaftlichen Denkens nicht gewachsen ist. Es ist aber jedenfalls kein geringerer Frevel, einen Intellekt, der nach geistiger Befreiung strebt, von dieser Bahn mit Gewalt abhalten zu wollen — gelingen wird es ohnehin selten! Hingegen ist es direkt ein Verbrechen an der Menschheit, das noch unreife Gehirn gewaltsam einzudämmen und den Menschen auf diese Weise für später die intellektuelle Freiheit zu rauben — ein Verbrechen, um welches sich allerdings Diejenigen blutwenig kümmern, welche solchem Zwange das Wort reden. Es findet schon Jeder selbst seinen Weg. Man lasse ihm nach beiden Seiten freie Hand — die Natur selbst wird ihn am sichersten auf den Platz stellen, wohin er gehört. Was jemand für sich zuträglicher findet, wissenschaftliches Denken, blinden Dogmenglauben oder irgend eine Mittelstufe zwischen beiden

— das ist seine eigene Sache. Und was geschieht schliesslich, wenn kräftigere Geister zur Zeit, wo das Gehirn bildungsfähig ist, in eine geistige Zwangsjacke gesteckt werden? Es werden jene Leute daraus, welche den Glauben verloren haben, ohne ihm ein Wissen entgegenstellen zu können. Ignoranten und Heuchler entstammen dieser Schule. Weder Wissen, noch Glauben — von selbst kommt das gewiss nie, es müsste denn bei einem Individuum sein, dessen intellektuelle Thätigkeit am Gefrierpunkte steht. In beidem aufgezogen, wird jeder Dasjenige und in dem Grade wählen, was ihm das geistige Gleichgewicht sichert. Oder sollten gewisse Kreise fürchten, dass dabei die Entscheidung zu sehr zu Gunsten des wissenschaftlichen Denkens ausfallen werde? Das wäre aber dann nur ein Zeichen, dass die Menschheit einer neuen geistigen Entwicklungsstufe zudrängt, — denn bequemer wäre doch entschieden das Glauben, als das Denken — und zwar mit Naturnothwendigkeit zudrängt. Einem natürlichen Entwicklungsprozess Gewalt entgegen zu stellen, ist aber ein sehr gefährliches Experiment. Und sinnlos ist es ausserdem.

Das Bedürfnis des Menschen an etwas Höheres zu glauben, sagt man, sei allgemein und unausrottbar. Gewiss, der sogenannte metaphysische Drang ist vorhanden und unvertilgbar — auch bei Denen, die sich davon frei wähnen. Es wird auch keinem ernsten und tieferen Denker einfallen, diesen Drang als solchen bekämpfen zu wollen. Was die theoretische Wissenschaft anstrebt ist eine Regelung dieses Dranges, eine Versöhnung desselben mit den Gesetzen des Denkens und den Thatsachen der Erfahrung. Wie weit dies gelingt, hängt aber nicht bloss von den positiven Errungenschaften der Wissenschaft ab, sondern auch von der geistigen Individualität des Einzelnen. Die theoretische Wissenschaft hat keine höhere Instanz als die Gesetze des logischen Denkens. Wo diese versagen — sei es aus sachlichen Gründen, sei es aus beschränkter Leistungsfähigkeit des Gehirns — tritt für den Betreffenden der „Glaube" in seine Rechte. Der Glaube des Forschers wird freilich andere Formen aufweisen und einen andern Inhalt bergen, als der Glaube des Ungebildeten oder oberflächlich Veranlagten. Der Glaube des Denkers kann eine derart gänzlich veränderte Gestalt zeigen, dass der Durchschnittsmensch gar keinen Glauben mehr erblicken zu dürfen vermeint. Abgesehen hievon ist aber der Glaube des Forschers dadurch gekennzeichnet, dass er nicht starren unveränderlichen Sätzen gilt. Ich möchte sagen, er sei ein jeweiliger Wahrscheinlichkeits-Glaube — eine Anerkennung des von den jeweiligen Kenntnissen vor der Vernunft Gewährleisteten. Daraus ergiebt sich von selbst, dass für den Glauben des wissenschaftlich Denkenden die Annahme übernatürlicher Kräfte wegfällt, weil diese vor der Vernunftkritik niemals gewährleistet sind. Der echte Forscher ist sich aber auch dieses blossen Wahrscheinlichkeitscharakters aller transcendenten Vorstellungen stets bewusst. Ist er dies nicht, dann denkt er nicht mehr wissenschaftlich, sondern ist dem Dogmenglauben verfallen, wenn er auch das Dogma sich selbst gestellt hat. Dogmatismus bleibt eben Dogmatismus und will die Wissenschaft das sein, was sie ihrer Natur nach sein soll, so muss sie sich von ihm möglichst frei halten. Dass auch in der Wissenschaft oft zwischen Dogma und logisch gesicherter Erkenntnis sehr schwer zu unterscheiden ist, und dass ein grosser Werthunterschied besteht zwischen einem wissenschaftlichen Dogma, welches durch Thatsachen und logische Ableitung grosse Wahrscheinlichkeit besitzt, und einem willkürlich ohne zureichende Kritik aufgestellten — versteht sich von selbst. Ebenso aber auch, dass der ernste Forscher gegen letztere Art von wissenschaftlicher Dogmatik energisch Stellung zu nehmen hat. Welche Stufe der Wissenschaftlichkeit der Einzelne erreicht, bis zu welcher Läuterung seines wissenschaftlichen Glaubens er vordringt, — das hängt von seiner wissenschaftlichen Ausbildung und von der Schärfe seines Denkvermögens ab.

In diesem Sinne sprach ich eingangs von einem „wissenschaftlichen" Glaubensbekenntnis. Was glauben heisst, weiss jeder. Es kommt dann nur noch darauf an, was geglaubt werden soll. Aber wissenschaftlich denken — was das heisst, weiss nicht jeder. Denn hiebei handelt es sich nicht bloss darum, was gedacht, sondern vielmehr noch besonders darum, wie gedacht werden soll. Gar Mancher ist im Innersten überzeugt, völlig wissenschaftlich zu denken und doch kann er in Wahrheit weit davon entfernt sein, wenn er Mode, Gewohnheit, fremde Autorität etc. an Stelle des eigenen Denkens setzt. So paradox es klingen mag: Ausgedehnte wissenschaftliche Kenntnisse geben noch lange keine Gewähr, dass der Betreffende darum auch in gleich hohem Grade wissenschaftlich zu denken fähig sei, gerade wie umfangreiche Kenntnis der Kunstgeschichte und künstlerischen Technik allein noch keinen Künstler erzeugt hat. Freilich — geniale Künstler und geniale Denker sind Marksteine der Menschheit, deren jedes Jahrhundert nur eine betrübend geringe Zahl erzeugt. Darüber giebt es leider keine Täuschung. Aber uns Anderen, die wir nicht berufen sind, solche Marksteine zu werden, bleibt noch Arbeit genug. Es gilt, die Geistesthaten jener Männer zu bewahren, sie von den Schlacken und dem werthlosen Beiwerk, das jedem ursprünglichen grossen Gedanken anhaftet, frei zu machen, den Kern aus der Schale zu lösen und das, was in der genialen Konception Jener das Wahre und Grosse war, der Mit- und Nachwelt unverfälscht zu übergeben. Eine grosse und schwierige Arbeit! Denn die Gefahr liegt nahe und die Geschichte der Wissenschaft hat genug

Beispiele, dass das Werk des Meisters in der Hand der Schüler zu einem stümperhaften Machwerk wurde und Generationen nothwendig sind, die falsche Tünche wieder zu entfernen. Doch mit der Belehrung Anderer ist nur halbes Werk gethan, — die andere Hälfte müssen diese selbst beisteuern. Nur was selbst durchdacht ist, hat geistigen Wert. Wer bloss Anderen nachredet, wird stets ein Gefühl geistiger Öde empfinden. Ein einziger wahrhaft mitgedachter Gedanke fördert die geistige Entwicklung mehr, als zehn nachgeplapperte und bloss geglaubte fremde Gedanken. Wer mir sagt: Es wird schon so sein, wenn Du es sagst — mit dem bin ich fertig. Wer mir aber sagt: Das kann wohl nicht sein, es widerspricht ja der herrschenden Ansicht — mit dem bin ich ebenfalls fertig.

Das Selbstdenken ist freilich ein hartes Stück Arbeit, denn die Belehrung, die man erhält, fällt meist bereits in medias res hinein, ohne dass man etwas darüber erfährt, ob das, was als selbstverständlich vorausgesetzt wird, dies auch thatsächlich sei. Da darf man dann im Zurückwandern und Fragen nicht erlahmen und oft wird man allein weitergehen müssen, als es dem Lehrer beliebt oder auch möglich ist. Erhältst Du aber etwa einmal nur mehr die Antwort: Frage doch Deinen gesunden Menschenverstand, ob es anders sein kann! — dann, mein Lieber, sei überzeugt, dass es anders ist! Deshalb ist die wissenschaftliche Gedankenarbeit kein Kinderspiel, auch für Den nicht, der sich bloss allgemein orientieren will. Denn immer und ewig ist die Parole: Selbstdenken! Und das will auch gelernt sein. Nichts ist so schwer, als eine Lieblingsvorstellung unter das anatomische Messer zu nehmen. Es gelingt auch durchaus nicht immer. Aber Der ist schon weit voraus, der dazu den ernstlichen Willen hat. Denn er bezeugt, dass er zweifelt und der Zweifel ist der Vater des Gedankens.

Der intellektuellen Verschiedenheit der Individuen entsprechend sind die Ansprüche, welche der Einzelne an die Wissenschaft stellt, sehr wechselnd, ebenso aber auch die Erwartungen, welche er ihr entgegen bringt. Der Erste begnügt sich vielleicht schon mit ein paar allgemeinen phrasenhaften Begriffen; der Zweite verlangt nur sichere konkrete Thatsachen, an die er sich halten kann; der Dritte legt nur auf das Werth, was in unserer sinnlichen Erfahrung gegeben ist; der Vierte sucht die Thatsachen des subjektiven Bewusstseins damit zu vereinen; dem Fünften erwächst der Zweifel an der objektiven Existenz der sinnlichen Wahrnehmungsinhalte, er findet die reale Grundlage der Erscheinungswelt in etwas sinnlich nicht Erkennbarem. Während er aber diese Grundlage als der wissenschaftlichen Vorstellung entzogen betrachtet, hält der Sechste an der Möglichkeit fest, auch über diese der Sinnenwelt zu Grunde liegende Realität zusammenhängende, logisch begründete Vorstellungen gewinnen zu können, wobei aber für ihn noch immer nur das sinnlich Erkannte als Basis der wissenschaftlichen Forschung gilt. Der Siebente hält auch das Übersinnliche noch für einen Gegenstand wissenschaftlichen Denkens, indem er von der logisch nicht abweisbaren Überlegung ausgeht, dass es noch ganz andere naturgesetzmässige Vorgänge geben könne, als gerade nur die, welche jederzeit auf unsere fünf Sinne einwirken und dass es bloss eine dogmatische Voraussetzung sei, keine andere Quelle für wissenschaftliches Studium gelten zu lassen, als die rein sinnliche Wahrnehmung. Der Achte endlich geht noch weiter und zieht auch **übernatürliche** Gewalten in seinen Gedankenkreis — **verlässt aber damit den Bereich des wissenschaftlichen Denkens.** Denn das Übernatürliche liegt ausserhalb der Gesetzmässigkeit, mithin ausserhalb der Beweisbarkeit und Ableitbarkeit. Es liegt auch ausserhalb des besprochenen wissenschaftlichen Wahrscheinlichkeitsglaubens — es gehört ganz und voll dem unkritischen Dogmenglauben an.

Bei Betrachtung dieser, nur beiläufig skizzirten Stufen wissenschaftlicher Denkungsart ist es in die Augen springend, dass die beiden ersten im höchsten Falle nur sehr bescheidene Ansprüche auf Wissenschaftlichkeit stellen. Das eigentlich wissenschaftliche, philosophische Denken setzt aber erst bei der fünften Stufe ein und steigert sich bis zur siebenten. Der gegenwärtige naturwissenschaftliche Materialismus lässt sich dieser Stufenleiter gar nicht einfügen, denn er repräsentiert einen völlig inkonsequenten Standpunkt, der zum Theil wohl der fünften, in dem entscheidenden Hauptpunkte aber noch ganz der dritten Stufe angehört. Er ist ein einseitiger, unkritischer und deshalb unphilosophischer Standpunkt und die Gegenwart macht nicht ohne triftige Gründe Anstalten, denselben mehr und mehr und hoffentlich mit der Zeit endgültig zu verlassen. — Weiters ist aber auch klar, dass der Inhalt des wissenschaftlichen Denkens bis zur siebenten Stufe an Umfang und Tiefe zunimmt — vorausgesetzt, dass die allgemeinen Bedingungen der Wissenschaftlichkeit eingehalten werden. Das Gebiet der Wissenschaftlichkeit hört aber, wie gesagt, principiell erst beim Übernatürlichen auf und es muss auf das schärfste betont werden, dass alles, was im Gebiete natürlicher Gesetzmässigkeit denkbar ist, ob sinnlich oder übersinnlich, Gegenstand des wissenschaftlichen Denkens sein kann und sein muss. Nur beschränkte Urtheilskraft oder Voreingenommenheit könnte dies in Abrede stellen. Freilich kommt noch eines hinzu: Die Wissenschaftlichkeit des Denkens hängt nicht allein vom Gegenstande ab, sondern in erster Linie von der Methode und den grundlegenden Principien. Deshalb, lieber Leser, möchte ich dich auffordern, mich noch bei einer Wanderung durch eine andere Stufenleiter zu begleiten.

Es giebt eine leider nicht geringe Zahl von Menschen, die in der Welt nur das interessiert, was für ihre praktischen Zwecke Bedeutung hat. Für solche Repräsentanten des „denkenden" Geschlechts schreibt man nun allerdings solche Aufsätze nicht. Denn die Forschung überhaupt, vor allem aber die theoretische, hat nur ein en Zweck: Bethätigung und womöglich Befriedigung des Denkens — ein Zweck, der als solcher nicht für jedermann existiert. Die theoretische Wissenschaft ist eine durchaus ideale Beschäftigung — und wir leben im Zeitalter des Realismus. Wenigstens sieht es so aus.

Ich nehme also an, lieber Leser, dass du der Welt mehr entgegen bringst, als bloss ein Interesse für individuelle praktische und materielle Vortheile. Ich nehme an, dass dich an Thier und Pflanze mehr fesselt, als bloss die Frage, ob sie geniessbar sind und was für Material zu Kleiderstoffen sie liefern. Ich nehme auch an, dass du nicht so bist, wie jener Ingenieur, dem der Anblick des gewaltigen Niagara bloss einen Ausruf des Bedauerns über die viele unausgenützte Wasserkraft entlocken konnte. Ich nehme an, dass du Liebe empfindest für die Natur, die dich umgiebt, und Sehnsucht nach Verständnis der Geheimnisse, die sie umschliesst vom mikroskopischen Infusorium bis zu den gigantischen Fixsternwelten. Ich nehme an, dass du fragst, um zu wissen und dass du die Kraft in dir fühlst, zu resigniren, wo die Natur selbst die Schranken gestellt hat. Ich mache diese Voraussetzungen nicht zwecklos. Denn wenn ich mich in diesen Annahmen täuschte, dann würde ich bloss unnütz die endlose Geduld des Papiers missbrauchen und befände mich in der Lage eines Vortragenden, der zu den Bänken spräche, statt zu dem Auditorium.

Nun also — stehe vor allem Red' und Antwort: Was willst du wissen? Welche Forderungen stellt dein Wissensdrang! Aber bitte — nicht überstürzen! Hübsch langsam und systematisch! Also —? — Was giebt es in der Welt für Dinge und was geht an ihnen vor? — Gut. Die Frage ist klar und deutlich. Und sie steht an richtiger Stelle. Denn man muss zunächst doch wissen, wo man Hand anzulegen hat. Nun, dafür ist gesorgt. Da heisst es eben Augen und Ohren offen halten und alle Sinne spielen lassen. Tausende haben daran gearbeitet und arbeiten fort und fort. Das Resultat liegt vor uns: Das Fundament der beschreibenden Wissenschaften. Aber das ist totes Material. Weiter! — Wie geschieht dies und jenes? Ah! Siehst du — nun kommen wir schon tiefer. Aber es wird auch schwieriger. Jetzt reicht die Leistungsfähigkeit unserer Sinne nicht mehr aus. Wir müssen ihnen mit Apparaten und allerlei Hilfsmitteln „an die Hand" gehen, denn jetzt gilt es, mehr zu sehen und aufzudecken, als man so ohne weiteres wahrnehmen kann. Auch kommt uns die Natur da nicht mehr so bereitwillig entgegen. Wir müssen ihr nachspüren. Du bist Analytiker geworden. Unter analysiren verstehen wir bekanntlich das Zerlegen eines Komplexes in seine Einzelbestandtheile. Der Chemiker analysirt eine Substanz auf die in ihr vereinigten Grundstoffe, der Physiker analysirt einen materiellen Process, der Logiker einen Gedankengang auf seine einzelnen Phasen u. s. w. Dann sagst du: So ist dies beschaffen oder so geschieht dies, d. h. — du hast es so beobachtet. Vielleicht ist es ein andermal anders. Das kannst du noch nicht wissen. — Es ist damit viel für unsere Einsicht gewonnen, aber noch lange, lange nicht Alles. Im Grunde ist es doch nur eine fortgesetzte Beschreibung, Zergliederung. Deshalb weiter. Deine nächste Frage! — Warum geschieht Dies und Jenes? — Merkst du, dass es jetzt eigentlich erst in die Tiefe geht! Aber halt! Ich verstehe dich nicht genau, du hast dich unklar ausgedrückt. Was meinst du eigentlich mit diesem „Warum?" Forderst du damit eine kausale oder eine rationale Erklärung? Mit anderen Worten: Zielt deine Frage nach der Ursache oder nach dem logischen Erkenntnisgrund des betreffenden Geschehens? Denn diese zwei Deutungen sind in ihr eingeschlossen.

Bleiben wir bei der ersten. Deine Frage ist kausal gemeint. Du fragst nach der Ursache der Erscheinung. Was bedeutet nun diese Frage? — Sie führt auch zu einer Analyse, denn sie erfordert gleichfalls ein Studium der einzelnen Details eines Vorganges. Aber sie unterscheidet sich dadurch bedeutend von der blos beschreibenden Analyse, dass sie ihr Augenmerk darauf legt, jenen Vorgang ausfindig zu machen, welcher für den Eintritt des Phänomens entscheidend war, dasselbe mit Nothwendigkeit herbeigeführt hat. Hierdurch kommt eine Einsicht in den Zusammenhang der Erscheinungen, welche diese kausalanalytische Methode bereits weit über die blos beschreibende Analyse erhebt. — Bei Anwendung der kausalen Analyse erscheint es nun auf den ersten Anblick, als habe das Problem eine doppelte Seite. Ein einfaches Beispiel wird dies erklären. Ein Holzspahn beginnt zu brennen, wenn ich ihn in eine Flamme halte. Deswegen ist aber das Berühren der Flamme nicht schlechthin Ursache der Entzündung — der Spahn muss trocken sein. Im nassen Zustande brennt er nicht. — Ein gutgelaunter Mensch wird dasselbe Wort lächelnd hinnehmen, das ihn in gereiztem Zustande in Wuth versetzen würde. Etc. Es scheint also, als sei ein Vorgang nicht an sich schlechthin Ursache, sondern der Eintritt seiner Wirkung sei abhängig von einem bestimmten vorgefundenen Zustande. Dies wiederspricht aber der unabweislichen Vorstellung von der **Nothwendigkeit** des kausalen Geschehens, wodurch mit der Ursache auch die Wirkung gegeben ist. — Thatsächlich unterliegen wir hierbei einer Täuschung, welche gerade auf einer mangelhaften kausalen Analyse beruht. —

Besinne dich: Die Berührung mit der Flamme ist ja nicht die der Entzündung des Spahn's letztvorhergehende entscheidende Veränderung, diese ist vielmehr erst die daraus resultirende Erhitzung des Spahn's zur Verbrennungstemperatur. Der Feuchtigkeitsgehalt des nassen Holzes verhindert diese Erhitzung, daher unterbleibt die beabsichtigte Wirkung der Entflammung einfach deshalb, weil die entscheidende Ursache überhaupt — nicht eintritt. Vielleicht empfindest du diese Argumentation als Begriffsspalterei. In Wahrheit ist sie aber einfach blos logisch und soll dazu dienen, die eventuelle Auffassung, als habe die kausale Analyse eine doppelte Seite, als irrig zu enthüllen. Denn diese Auffassung wäre bedenklich in ihren Folgen. Sie müsste die Ansicht hervorrufen, als liege in dem Zustande des zu beeinflussenden Körpers eine Gegenursache, welche den als normal gedachten Verlauf des Kausalnexus vereitle. Das würde aber das ganze Kausalitätsgesetz auf den Kopf stellen. Denn eine Ursache kann schlechterdings nur ein Vorgang, eine Veränderung werden, niemals aber ein passiver Zustand. Die Sache liegt demnach so, dass der jeweilige Zustand des betroffenen Körpers nicht etwa die sonstige Wirkung der letztentscheidenden Ursache verändere, sondern, dass auf Grund dieses Zustandes diese letzte Ursache überhaupt nicht eintreten, und daher natürlich auch nicht wirken kann. In komplizierten Fällen können wir daher bei solchem Sachverhalte mit Bestimmtheit voraussetzen, dass wir vorher nicht bis zur wirklich letzten Ursache vorgedrungen waren, deren Ausbleiben wir sonst konstatiren müssten, während wir fälschlich dem entgegenstehenden passiven Zustande ebenfalls kausale Bedeutung beilegen möchten. Das hiesse aber das Kausalitätsgesetz gründlich missverstehen.

Lange, lieber Leser, werde ich dich hier mit dem Kausalitätsgesetz — einer fundamentalen, aber in deinen Augen vielleicht etwas trockenen Sache — nicht behelligen. Es genügt zu wissen, um was es sich dabei handelt. Nur eine kurze Weile folge mir noch auf diesem Wege. Ein Umstand giebt zu denken. Ich sprach oben von der Nothwendigkeit des kausalen Zusammenhanges und dabei wirst du schwerlich missbilligend den Kopf geschüttelt haben. Du bist einverstanden mit der Vorstellung. Du bist überzeugt, dass ein bestimmter Vorgang unter bestimmten Verhältnissen mit Nothwendigkeit seine bestimmte Wirkung nach sich ziehen müsse. Dein ganzes praktisches Handeln bethätigt diese Überzeugung. — Nun sage mir aber einmal, woher du diese Überzeugung hast. Aus der Erfahrung? Denke ein wenig nach. Was lehrt dich die Erfahrung? Aufeinanderfolge von Vorgängen. Diese erweist sich — soweit du oder Andere es beobachtet haben — unter gleichen Umständen als gleichverlaufend. Das ist Alles. Ist in dieser Succession der Begriff der »Notwendigkeit« enthalten? Sicher nicht. Du hast also diese Vorstellung, ohne dass dir die Erfahrung etwas darüber sagt. Im Gegenteile — ihre Zeugenschaft wird immer bedenklicher.

Du stehst, nehmen wir an, vor einem Ereignis, dessen kausaler Zusammenhang dir gänzlich unklar ist, ein Ereignis, das du noch nie wahrgenommen hast — trotzdem steht deine Überzeugung fest, dass dieses Ereignis durch irgend »Etwas« herbeigeführt, durch irgend vorhergegangene Vorkommnisse nothwendig bedingt sei. Du kommst allemal in unvermeidlichen Konflikt mit deiner Vorstellungsthätigkeit, wenn du dabei die Beziehung der »Nothwendigkeit« weglassen willst. Und wenn du einmal sagst: Dieser Vorgang A führt den Vorgang B nicht mit Nothwendigkeit herbei — dann gestehst du zugleich ein, dass A nicht die Ursache von B ist. Darüber kommst du nicht hinaus. — Wenn du noch tiefer nachdenkst, wirst du sogar finden, dass für dich »kausal-bedingt« und »nothwendig-bedingt« identische Begriffe sind. Was nothwendig wirkt, wirkt kausal und was kausal wirkt, wirkt nothwendig. Es ist ein und dasselbe. Woher diese Untrennbarkeit? Die Erfahrung liefert sie nicht. Ein Analogieschluss aus wiederholten Beobachtungen kann es nicht sein, denn du bringst diese Vorstellung ausnahmslos und ohne Besinnen an. — Es ist überhaupt kein logisch abgeleiteter Schluss, sondern eine unmittelbare Vorstellungsthatsache. Deshalb fragst du nie: Liegt hier eine Ursache vor? Das steht für dich von vornherein fest. Du fragst vielmehr stets: Welche Ursache liegt hier vor? Was aber von vornherein zweifellos feststeht, kann nicht hinterher aus der Erfahrung abgeleitet sein. Vielmehr musst du schliesslich zu der Einsicht kommen, dass du die natürlichen Vorgänge gar nicht anders als in kausalem Zusammenhange stehend betrachten kannst, dass mithin die Kausalität ein integrirender Theil deiner Vorstellungs- und Wahrnehmungsthätigkeit ist. Diese Thätigkeit nennen wir Intellekt. Die Kausalität ist eine Funktion des Intellekts. Merke dir das für später.

Du siehst also, dass dir die Kausalitätsvorstellung nicht erst durch wissenschaftliches Denken erwächst, sondern vielmehr schon eine Voraussetzung des letzteren bildet. Wenn dir die Kausalität vielleicht erst durch ernsthaftes Denken in klarer, begrifflicher Form zum Bewusstsein kommt, so ist dies ja ganz was anderes. Das wissenschaftliche Denken kann stets nur dahin abzielen, welcher kausale Zusammenhang herrscht, nicht aber, ob ein solcher vorhanden sei. Mit letzterer Vorstellung — gleichgiltig, wie klar sie dabei dem Bewusstsein vorschwebe — setzt das wissenschaftliche Denken vielmehr schon ein.

Wandern wir weiter auf unserem Wege. Wenn du dir nun die durch Anwendung des Kausalitätsprincipes errungenen wissenschaftlichen Kenntnisse näher besiehst, so wirst du hinsichtlich Befriedigung deines Wissensdranges arg enttäuscht sein. Du stehst vor dem enträthselten kausalen Zusammenhange und — verstehst ihn nicht. Deine Warum-Frage taucht neuerdings auf. Gilt sie den Ursachen der Erscheinung? Nein — die haben wir ja. Aber sie geben für deine Vernunft keinen Aufschluss. Das »warum?« steht unablässig vor deinem Denken, als sei mit allem Bisherigen gar nichts geleistet. Warum hat diese Ursache diese Wirkung? Das ist jetzt die Frage. Kausal kann sie nicht sein, denn sie betrifft ja gerade das bereits gelöste Kausalverhältnis. Aber was dann?

Es ist ein neues Gebiet, das wir betreten — das Gebiet der vernunftgemässen, sachlichen Erklärung, das Gebiet der logischen Verknüpfung. Deine Frage sucht jetzt, nachdem sie das Kausalverhältnis erkannt hat, den logischen Erkenntnisgrund für eben diesen Kausalnexus. Die Anwort wird jetzt, im Gegensatze zur früheren kausalen, eine rationale (vernunftgemässe) sein. Wie wir vorhin ganz im Banne der Kausalitätsvorstellung standen, so unterliegen wir jetzt der Herrschaft logischer

Denkgesetze. Nicht mehr gilt es, wie vorhin, den Zusammenhang der Geschehnisse in ihrem zeitlichen Verlaufe zu bestimmen, sonden Beziehungen aufzufinden, welche, von zeitlichen Bestimmungen unberührt, allen Geschehnissen zu Grunde liegen, dieselben nicht verursachen, aber überhaupt möglich und denkbar machen und welche wir in der inneren Natur der Kräfte und den Eigenschaften der »Materie« suchen.

— Du wirst vielleicht glauben wollen, es handle sich hierbei doch nur um ein tieferes kausales Verhältnis? Hüte dich vor diesem Irrthum. Es ist etwas vom Grunde aus Anderes, betrifft eine gänzlich andere Kategorie von Vorstellungen und speciell — hier wird nach Eigenschaften, nach Gesetzen gefragt, während der Kausalnexus nur Vorgänge betrifft. Das allein schon verweist die rationale Erklärung auf ein wesentlich anderes Gebiet.

Überlege dir Folgendes: Vor dir steht eine brennende Petroleumlampe. Nun legst du einen Gegenstand auf die Cylindermündung, wodurch diese verschlossen wird. Sofort wird die Flamme kleiner — ein paar Zuckungen und sie verlöscht. Warum? Ursache ist zunächst das Zudecken des Cylinders. Dieses bewirkte seinerseits ein Aufhören des Luftresp. Sauerstoffzutritts und dieses bewirkte das Verlöschen der Flamme. Warum? Siehst du — die kausale Analyse ist zu Ende und du fragst doch weiter: warum? Aber — beachte dies wohl! — du fragst nicht mehr nach einem weiteren kausalen Zwischengliede, sondern du fragst: Warum bewirkt das Aufhören des Sauerstoffzutrittes das Verlöschen? Merkst du was? Du fragst nach dem Grunde der Erscheinung, nicht nach ihrer Ursache! Du verlangst nach einer aus der inneren Natur des Vorganges, nicht aus seiner kausalen Bedingtheit hervorgehenden Erklärung. Die Wissenschaft giebt auf deine Frage die Antwort: Weil jeder organische Stoff zu seiner Verbrennung des Sauerstoffs bedarf, denn diese Verbrennung besteht in der Vereinigung freien Sauerstoffs mit dem Kohlenstoffe der Substanz etc. — Jetzt ist es klar, »warum« die Verbrennung aufhört, wenn kein Sauerstoff da ist — ist diese Erklärung für unseren speciellen Fall aber kausal? Nicht die Spur. Zur weiteren rationalen Erklärung der Verbrennungserscheinung setzen wir schliesslich — uns immer mehr von der kausalen Erklärung entfernend, chemische Kräfte, Affinitäten, Verwandlung von Kräften etc. und kommen schliesslich auf die qualitates occultae der Kräfte und Materie, welche wir für unsere Erkenntnis als letzten logischen Realgrund der Erscheinungen betrachten müssen. Von Kausalität keine Idee mehr. — Damit, lieber Leser, musst du dich für jetzt begnügen[1]). Über die Nothwendigkeit und Bedeutung dieser Unterscheidung und die folgenschweren Irrthümer welche eine ungenügende Auseinanderhaltung kausaler und rationaler Erklärung in der Wissenschaft erzeugt hat und noch erzeugt, erzähle ich dir vielleicht ein andermal.

Nun noch eine Stufe empor! — Du hast ein reichhaltiges Thatsachenmaterial vor dir, du kennst den kausalen Zusammenhang, hast in Verfolgung rationaler Erklärung eine Unmasse von Naturgesetzen ausfindig gemacht — und noch immer hat dein Fragen kein Ende. Wieder kehrst du gleichsam zur ersten

---

[1]) Eine ausführlichere Darstellung dieser Verhältnisse habe ich im ersten Theile meiner »Grundprobleme der Naturwissenschaft« (Verlag von Gebrüder Borntraeger) gegeben.

Frage »was?« zurück. Aber du fragst nicht mehr: »Was ist?« — sondern: »Was ist das, was ist?« Jetzt fragst du nicht nach der sinnlichen Beschaffenheit, nicht nach der Ursache, nicht nach dem Grunde der Erscheinung — du fragst nach ihrem Wesen. Dein bisher rein naturwissenschaftliches Denken reicht nun dem philosophischen die Hand zum Bunde. Du machst den ersten Schritt in die wirkliche und vielleicht — wer weiss es? — bodenlose Tiefe. Wie ein Feind steht die Natur vor dir, der du in heissem Kampfe ihre Geheimnisse entreissen willst, ein Feind, der dir nicht weicht und deiner Bemühungen zu spotten scheint. Jetzt zielst du nach dem Herzen dieses Feindes. Wirst du es treffen? Sind deine Waffen überhaupt im Stande, den geheimnisvollen Panzer so zu durchdringen, dass der Feind zu Falle kommt? Hier hilft kein Grübeln. Nur der Versuch entscheidet, der hundertmal vergebliche und ebenso oft erneute Angriff. Und sollte es nicht möglich sein, den Feind zu fällen, vielleicht lässt er sich zwingen, dir so weit Rede zu stehen, als du ihn überhaupt zu begreifen vermagst und bis du zur Einsicht kommst, wo das Begreifen ein Ende hat. Und mehr willst du ja auch nicht. Nicht das interessiert dich, was der Mensch alles in willkürlicher Gedankenverbindung zu denken vermag. Nein — du willst ja erfahren, wie weit deine Vernunft in ihrem Denken aus der Natur und ihren eigenen Gesetzen heraus kommen kann. — Giebt es hierin eine Schranke, die durch die Natur des Menschengeistes selbst gesetzt ist, so hilft ihm kein Gott über dieselbe hinweg. Er bleibt davor stehen, immer und ewig. Aber du brauchst nicht zu erschrecken — du wirst bis dahin so viel gelernt, so viel Einsicht und Erkenntnis errungen haben, dass dich an jener Schranke keine Verzweiflung und weder geistige noch Herzensöde überfallen kann, auch wenn dir kein übernatürlicher Glaube die Schranke hinwegnimmt — zum Scheine nur, denn diese Schranke ist dein eigener Geist. — Deshalb keine Furcht vor dem neuen Weg, den du betrittst, wenn es dir auch dunkel entgegengähnt. Vielleicht findest du doch ein Flämmchen, das dir leuchtet. Es braucht nicht gleich ein Irrlicht zu sein.

Wo aber im neuen Kampfe die Waffe finden, die tiefer dringt als die bisherigen?

Du willst ja nicht dichten, phantasiren, willst keine Märchen erzählen. Deshalb willst du auch nicht auf gut Glück sagen: Nehmen wir an, es verhielte sich so oder so. Du willst ja wissen, was du denken kannst und was du denken darfst. Als wissenschaftlicher Denker darfst du aber nicht alles denken, was du gerade denken kannst, und musst manches denken, was du vielleicht lieber anders denken möchtest. Da hilft nichts. Hinweg mit allen Vorurtheilen, hinweg mit landläufigen Vorstellungen und eingeimpften Anschauungen, wenn Thatsachen und Logik dies erfordern! Wenn du dich dem Dienste des wissenschaftlichen Denkens stellst, so trittst du in ein Heiligthum. Lege die Kleider ab, die du aus dem Alltagsleben mitbringst und reinige dich im Quell der Selbstbesinnung. Das Dogma — auch das wissenschaftliche — weise von dir, auch wenn es sich in liebenswürdigster Form und glitzerndem Gewande an dich heranschleicht. Es würde dir ein schlechter Kampfgenosse sein — erst wird er deine Arme unterstützen, dann aber tritt er dir hemmend in den Weg und fesselt deine

Kraft statt sie zu mehren. Darum traue ihm nicht, diesem Gesellen! — Indem du nach dem Wesen einer Erscheinung fragst, stellst du dich zugleich auf einen neuen Standpunkt. Du gestehst die Erkenntnis ein, dass das, was du mit Augen siehst und mit Händen fühlst, nicht das wahrhaft und real Seiende sein könne, sondern dass dieses letztere in der materiellen Erscheinung nicht zu Tage trete, dass dir die Sinne hierüber keinen Aufschluss gewähren. Eine neue Welt eröffnet sich vor deinen Augen — eine Doppelwelt. Nämlich einmal eine Welt in deinem vorstellenden Bewustsein und dann eine zweite Welt da draussen — unabhängig von deinem Bewusstsein. Die erste dieser Welten kennst du, nach der zweiten fragst du. Gleichen sich beide oder sind sie verschieden? Und wenn sie verschieden sind — ist es dann möglich, einen Aufschluss über diese ausserhalb des Bewusstseins gelegene, ungreifbare Welt zu gewinnen? — Der Aufschluss wird zunächst ein negativer sein müssen. Du wirst zuerst die Einsicht erstreben müssen, wie viel du von deiner Vorstellungswelt wegzunehmen hast, um zu der real existierenden Welt zu gelangen.

Dann erst, wenn dieser Reinigungsprocess vollzogen, magst du fragen, ob und was du deiner derart entkleideten ursprünglichen Vorstellungswelt zu positivem Ausbau hinzufügen kannst und darfst. — In dem Augenblicke aber, wo dir die Überzeugung von der Nothwendigkeit dieses Klärungsprocesses erwächst, stehst du auf jenem Standpunkte, welchen man als philosophischen Kriticismus bezeichnet und welchen der Menscheit in seinem ganzen Schwergewichte zum Bewusstsein gebracht zu haben Kants unsterbliches Verdienst ist. Die Aufgabe der kritischen Philosophie liegt darin, die Daten der Erfahrung zu prüfen und auf ihren Werth und ihre Brauchbarkeit für die Gewinnung einer möglichst gesicherten Weltanschauung zu untersuchen.

Die Erfahrung kontroliren! Wie soll das möglich sein? Haben wir denn etwas in uns, das nicht Erfahrung, also nicht selbst wieder der Kontrole bedürftig wäre? — Es ist in der That der Fall. Du und jeder Andere — ihr habt Vorstellungen in euch, deren ihr euch zwar erst durch die Erfahrung bezüglich ihrer Anwendung bewusst werdet, von denen ihr euch aber bei klarer Prüfung hinterher eingestehen müsst, dass ihr derselben schon vor aller Erfahrungen theilhaft waret. Es sind die Axiome der Wahrnehmung und des logischen Denkens — Vorstellungen, die nicht beweisbar sind, bezüglich deren wir aber keines Beweises bedürfen, weil sie uns ohne weiteres selbstverständlich sind, indem sie auf den Grundformen der Vorstellungsthätigkeit selbst beruhen. Hierher gehören alle räumlichen und zeitlichen Bestimmungen. Z. B. der Satz: Zwei Linien schliessen keinen Raum ein. Lässt sich die Wahrheit dieses Satzes beweisen? Nein. Verlangen wir einen Beweis? Nein, er ist uns selbstverständlich, weil er unmittelbar in der Natur unserer Raumvorstellung wurzelt. Oder die Vorstellung von der unendlichen Theilbarkeit des Raumes — hat die vielleicht jemand praktisch aus der Erfahrung geschöpft? Überlege dir die Unmöglichkeit dessen. Nein — wir können den Raum einfach nicht anders vorstellen. Dasselbe gilt — ich erinnere dich an das oben Gesagte, — von der Vorstellung der Allgültigkeit der Kausalität. — Von logischen Axiomen nenne ich dir beispielsweise den sogenannten Satz vom ausgeschlossenen Dritten: A ist entweder B oder Nicht-B. Lässt sich dies beweisen? Nein. Verlangen wir einen Beweis? Nein. Es ist ein Urtheil von unmittelbarer Wahrheit. Entgegen diesem logischen Grundgesetze zu denken vermögen wir einfach nicht. — Das sind Axiome, Grundgesetze, unmittelbare Wahrheiten, welche in der specifischen Natur des Vorstellungsvermögens implicite enthalten sind — unabhängig von aller Erfahrung. Dass wir sie erst im Laufe der Erfahrung in abstracto kennen lernen, ist ganz etwas anderes und ändert nichts an diesem Sachverhalte.

Das bietet aber nicht die einzige Kontrole für die Erfahrung. Du kannst und musst auch eine Erfahrung auf die andere anwenden. So weisst du, dass jedes Geschehen Wirkung eines vorangegangenen Geschehens ist. Du weisst auch, weil das Kausalgesetz Veränderungen betrifft, dass jede Wirkung etwas von der Ursache Verschiedenes ist. Nun lehrt dich die Erfahrung, dass deine gesammten Sinneswahrnehmungen Wirkungen sind, hervorgerufen durch äussere Anlässe, vermittelt durch die Sinnesorgane. Das ergiebt nun mit logischem Zwange die Einsicht, dass deine in Summa resultirende Vorstellungswelt verschieden ist von der real-existirenden — Du kommst zu der Erkenntnis, die Helmholtz ausgesprochen hat: Unsere Wahrnehmungen sind blosse Zeichen realer Geschehnisse, aber keine Abbilder derselben — die Welt, die wir mit unseren Sinnen aufbauen, ist eine subjektive Vorstellungswelt. — Die ganze Konsequenz, aber auch die Unvermeidlichkeit des philosophisch-kritischen Standpunktes steht urplötzlich vor deinem geistigen Auge. Du kannst nicht mehr zurück. Die Höhe des wissenschaftlichen Idealismus ist erklommen und es wird dich etwas wie Mitleid mit Jenen anwandeln, die sich im Schweisse ihres Angesichts abmühen, schon auf dem Standpunkte des noch rein immanenten Realismus ein Verständnis des Universums zu erringen.

Die Bahn ist frei. Der Geist kann sich entfalten. Nur vergesse er dabei nie, dass der Satz vom zureichenden Grunde die wichtigste, in unserem Vorstellungs- und Denkvermögen unmittelbar gegebene Basis des wissenschaftlichen Denkens bildet. — Hat der Kriticismus seine Schuldigkeit gethan, so tritt der Realismus wieder in seine Rechte — aber der transscendente, denn der immanente Realismus, welcher die Welt in ihrer materiellen Erscheinung als real betrachtet, ist ein Trugbild. — Ich habe dir die Stufen der fortschreitenden wissenschaftlichen Erkenntnis gezeigt. Was weiter noch geschehen kann, ist Sache tiefgreifender Gedankenarbeit, aber auch eines freien, die Welt überblickenden Geistes. Es wird nicht mehr genügen, in's Mikroskop zu schauen, in der chemischen Küche zu hantiren, die Eiweissmenge zu berechnen, welche der Mensch im Tage verzehrt, die Welt mit Massstäben und Formeln zu berechnen, — hinweg jetzt von Tiegel und Retorte, hinweg von Mikroskop und Büchertisch, den Blick nach innen und nach aussen gerichtet und den Kopf freigehalten, damit er alle Wunder der Welt in einem Blicke vereinen kann. Fasse sie zusammen die Wunder des Quarzkörnchens, des wachsenden und grünenden Waldes, der in Liebe sich suchenden und in Hass und Mordsucht sich bekämpfenden Thierwelt, des denkenden und forschenden Menschengehirns, der überwältigend erhabenen Sternenwelt und suche den Fingerzeig zu verstehen, den sie dir für Vergangenheit und Zukunft weisen, und versuche zu verstehen, was sie dir von der Einheit der Natur, ihrem Werden und Vergehen erzählen. Überhebe dich aber nicht und vergiss nicht, dass du in diesem endlosen Getriebe nicht mehr bist, als das Sandkörnchen im schäumenden Wildbache — mitgerissen, fortgewälzt, getragen von den unerbittlichen Gesetzen des Universums.

Aber siehe — da regt sich ein Bedenken. Ein Gedanke, der dich vielleicht vor allem Denken fliehen lassen möchte, wenn du nicht stark genug bist, dich mit dem zu bescheiden, was dir die Natur gab. Du kannst die Erkenntnis nicht mehr von dir weisen, dass die Welt, die du in deinem Bewusstsein vorfindest, eine subjektive ist. Die real existirende Welt möchtest du erfassen. Aber was steht dir dabei zu Gebote? Die Funktionen deines menschlichen Gehirns, die Grundgesetze deines menschlichen Denkens. Auf sie als das allein Sichere musst du dich stützen, über sie kannst du nicht hinaus, sie sind deine oberste Instanz. Zitterst du nicht vor der Schranke, die deinem Erkennen gezogen ist? Welche Garantie hast du, dass du — als Mensch — das Richtige denkst, dass alles, was du erdenkst und ergrübelst, weiter hinaus noch Gültigkeit habe, als eben bloss für dich, für den Menschen? — Keine. — — Mehr noch. — Du musst dir sagen, dass unser Gehirn nicht die höchste Stufe zu sein braucht, dass es Wesen geben kann, die höher organisirt, mit anderem Erkenntnisvermögen ausgerüstet sind — wie mag das Weltbild sein, das diese im Bewusstsein tragen? Muss der Entwicklungsgang der Natur — unbeschadet seiner Gesetzmässigkeit — überall derselbe sein? Welche Kraftentfaltung mag auf den unendlichen uns unbekannten Welten des Universums stattgefunden haben und künftig stattfinden? Wenn du deiner Erkenntnis vertraust, sie als »Wahrheit« proklamirst, ist es nicht vielleicht, als wenn der Frosch glaubt, sein Quaken sei der Gipfelpunkt stimmlicher Leistung? Wie deine materielle Vorstellungswelt subjektiv ist, muss es auch deine begriffliche, logisch aufgebaute sein — subjektiv, denn sie resultirt gleich jener aus den Kräften und Fähigkeiten deines »Ich«. Ein Organismus mit anderen Kräften, mit anderen Denkgesetzen — eine andere Welt steht vor ihm. Sind die Axiome deiner menschlichen Anschauung, die Grundwahrheiten deines menschlichen Begriffsvermögens die einzig möglichen? Du weisst es nicht, kannst es nicht wissen. Denke diesen Gedanken aus und hüte dich vor Entmuthigung, vor einem Herabsinken zu stumpfer Gleichgültigkeit. Denn du kannst es. Ob es höhere Wesen giebt, als du, wie sie organisirt sein können und welche Erkenntnisse ihnen geboten sein mögen — was kümmert's dich! Du bist ja an die Fähigkeiten deines menschlichen Gehirns gebunden, kannst nicht aus deiner menschlichen Haut herausfahren, weil du leider zu innig damit verwachsen bist. Bescheide dich. Suchst du denn absolute Wahrheit? Thor, der du dann wärest! Die giebt es nicht. Nur relative Wahrheit giebt es, und diese liegt für dich in der Erreichung dessen, was der Mensch zu erkennen überhaupt fähig ist, in der Erreichung einer Erkenntnis, die für dich — als Menschen — durch die Vernunft gewährleistet ist. Mehr kannst du nicht erzielen. Und wenn die Menschheit einmal dahinkommt, alles zu ergründen, soweit sie in sich selbst dazu die Kraft trägt, wenn sie sich eine, nach jeder Richtung von den Gesetzen der menschlichen Vernunft gewährleistete Weltanschauung errungen hat — dann hat sie die Wahrheit erforscht. Freilich menschliche Wahrheit. Aber kann es für menschliches Denken eine andere geben? Wer glaubt, mit unbegreifbaren übernatürlichen Vorstellungen eine höhere Wahrheit zu finden, der täuscht sich und Andere. Er hat es mit einem Glauben zu thun, mit keiner Wahrheit. Sonst wäre nicht der Zweifel der Zwillingsbruder des Glaubens. Wer sich an Übernatürliches hält, mag — vielleicht! — für sich eine bessere Wahrheit gefunden haben. Aber nicht für die Menschheit. Die Wahrheit für Alle liegt nur in dem, was den reinen Gesetzen menschlicher Vernunft entspricht, eben in der vernunftgemässen Erkenntnis, in dem Abstreifen alles dessen, was nicht durch unmittelbare Erfahrung und logische Vernunftkritik vor dem menschlichen Intellekte — als solchem — Daseinsberechtigung hat — wenn auch hierbei immerhin der Einzelne stets verschieden tief eindringen wird.

Dieser Endzustand des streng vernunftgemässen Denkens ist das Ideal des menschlichen Fortschritts, das Ideal, dem die ernstgemeinte Wissenschaft zustrebt. Man sagt, ein Ideal sei kein solches, wenn es völlig erreichbar ist. Vielleicht ist es auch hier so. Aber deshalb dürfen wir im Streben nicht aufhören. Heutzutage ist es freilich noch schlecht bestellt, zum Theil mit unserem Wissen selbst, besonders aber mit dem Wissenwollen der Menschen. Aber man blicke ein Jahrhundert zurück, wie es da ausgesehen hat mit der allgemeinen Theilnahme am vernunftgemässen Denken! Trotzdem — wenn man sich heute umsieht und gewahr wird, ein wie grosser Theil der zivilisierten Menschheit noch im Stadium einer sehr geringen Gebrauchsfähigkeit seiner Vernunft steht — mögen wohl bange Zweifel auftauchen, ob die Menschheit je berufen sein könne, einstens sich insgesammt dem Machtgebote der vernünftigen Erkenntnis zu beugen. Indess — unser Planet ist noch jugendkräftig. Er hat ein hohes Alter vor sich!

Vernunftgemäss! Wie kalt! Wie öde! — denkst du vielleicht. Als ob nur das Trockene, Wesenlose vernunftgemäss wäre! Als ob nicht gerade das vernünftige Denken erst die todte Erfahrungswelt belebte! Ist denn nur Das erhebend und beglückend, wofür wir keine

Fassungskraft haben? Nur so lange wir Kinder sind, beglückt uns die Märchenwelt. Wenn wir herangereift sind, erfreuen wir uns an dem Spiel der Phantasie, an der Schaffenskraft des dichtenden Geistes — aber Befriedigung im Erkenntnisdrang hat kein gereifter Kopf an solchen Dingen. Alles Wohlgefallen am Übernatürlichen bekundet ein kindliches Stadium der Vernunft. Der herangereifte Intellekt weiss damit nichts anzufangen. Vom ethischen Standpunkte mag man die Kinderseele beneiden, die ohne das Bewusstsein und den inneren Kampf moralischer Pflichten harmlos und heiter in die Welt hinausjauchzt. In intellektueller Beziehung ist die Kindheit in jeder Hinsicht ein Stadium der Unvollkommenheit und die Menschheit sollte mit allen Kräften streben, diese Kinderschuhe abzustreifen, statt jahrhundertelang darin herumzuwandeln. Aber es wird wohl ein Naturgesetz sein, dass erst in späten Generationend er gesammten Menschheit der Eintritt in's Mannesalter beschieden ist!

Darum aber fürchte nicht, dass eine streng vernunftgemässe Weltanschauung dir die Ideale rauben könne. Sie wird dir wahrhafte Ideale gegen erträumte, gesicherte und aus freier

Erkenntnis stammende gegen solche um tauschen, die dir aufgedrängt werden und denen der Zweifel stets im Nacken sitzt. Dem Griesgram und empfindungslosen Pedanten werden weder vernunftgemässe Erkenntnis noch vernunftwidrige Glaubensdogmen zu höherem Schwunge verhelfen. Wer aber seine Vernunft zu gebrauchen weiss und von der Natur genügend Empfindsamkeit erhalten hat, der wird in der vernunftgemässen Betrachtung des Universums so viel des Erhebenden, Grossartigen und Überwältigenden finden, dass ihm der Kopf schwindelt. Dabei aber bewahrt er sich Freiheit des Denkens und Freiheit des Gemüthes, d. h. Freiheit von allen anderen Schranken als den von Natur und Vernunft selbst auferlegten. Eine höhere Freiheit ist aber nicht denkbar.

Ich sprach schon einmal vom »Glauben« des wissenschaftlichen Denkers. Jetzt wirst du mich ganz verstehen. Die Natur spricht nur in einzelnen Sätzen zu uns, die Gesetze der Vernunft und Anschauung geben uns die Principien — den Text des ganzen Buches muss sich aber Jeder selbst zusammenstellen. Da mag denn dieser häufig sehr verschiedenartig ausfallen. Und dieser Text bildet den Glauben des Forschers. Aber es ist gleichsam ein Glaube von heute auf morgen. Der echte Forscher sagt nicht: So ist es, so muss es sein! Sondern er sagt: So muss ich gegenwärtig denken, so viel darf ich jetzt als von der Vernunft gewährleistet betrachten. Dabei ist er sich bewusst, dass jederzeit eine neue Thatsache oder eine neue tiefere Gedankenverbindung diesen Glauben umgestalten kann. Er wird aber auch diese Umgestaltung als Nothwendigkeit empfinden, und sich derselben nicht gezwungen sondern freudig unterwerfen. Das ist aber dann keine »Inkonsequenz« oder kein »schwankender Standpunkt«, wie schwache Köpfe dies häufig zu nennen belieben, sondern ein Sichbeugen vor dem Fortschritte. Die Wissenschaft ist dem Fortschritte unterworfen und wandelbar. — Der Glaube des Forschers muss es im gleichen Grade sein.

So wenig wie die Kunst darf die Wissenschaft in akademischen Formen einrosten. Es wäre das Ende des Fortschrittes. Trifft denn die Kunst, wenn sie das Althergebrachte verlassend »einhertritt auf der eignen Spur« immer das Richtige? Gewiss nicht und doch ist das Aufsuchen neuer Bahnen nothwendig. Und irgend ein Fortschritt, zum mindesten eine Vorbereitung eines solchen, wird in jeder von künstlerischem Sinn geleiteten Abweichung von der Schablone erzielt. Das Verfehlte streift sich mit der Zeit von selbst ab. Genau so in der Wissenschaft. Ich brauche die Parallele nicht weiter durchzuführen. Auch für die Wissenschaft liegt die grösste Gefahr in einer akademischen Versteinerung, in einer allgemeinen schablonenhaften Gedankenarbeit. Caveant consules!

Das ist nun alles recht schön — so lange man für sich allein denkt. Sobald man aber zu Anderen oder gar zur Allgemeinheit über derartige Dinge spricht, dann wird die Geschichte mitunter sehr misslich. Man wird dabei Manche finden, denen man zu viel sagt, Viele, denen man zu wenig und Wenige, denen man gerade genug sagt. Es ist deshalb ein schweres Stück Arbeit, für einen weiteren Kreis wissenschaftlich zu schreiben. Man wird sich dabei umsomehr Gegner auf den Hals laden, je ernster man es mit dem Begriff der Wahrheit nimmt und je mehr man beflissen ist, rücksichtslos gegen Alles vorzugehen, was vor der Vernunftkritik nicht bestandfähig ist. Je tiefer die wissenschaftliche Kritik und das logisch geregelte Denken eindringt, desto mehr entfernt sich das Resultat naturgemäss von den landläufigen Vorstellungen, welche alles nur nach oberflächlicher Äusserlichkeit beurtheilen, desto mehr aber sieht es sich auch verurtheilt, bald Widerspruch, bald Unglauben, bald Verständnislosigkeit zu ernten. Denn zu der Summe der vorhandenen Kenntnisse kommt noch ein versteckt liegender, Vielen vielleicht ganz unbekannter Faktor hinzu — die individuelle Gehirndisposition. Diese entscheidet die Hauptsache. Und das eben ist ein böses Ding. Wir können wohl bis zu einem gewissen Grade unserem Nebenmenschen Kenntnisse eindrillen, die er mit oder ohne Begierde aufnimmt — das hängt von seinem Wollen ab. Wenn wir aber versuchen, ihn auf diese oder jene Bahn des Denkens zu leiten — ob er da mitkommt, hängt von seinem Können ab. Es giebt für das Vorstellungs- und Denkvermögen vielleicht aller, jedenfalls aber sehr vieler Menschen eine, für den Einzelnen wechselnde Grenze, über welche hinaus ihn wahrscheinlich keine Vortrags- und Darstellungskunst der Welt zu bringen vermag. Es ist jener Punkt, wo dann, so zu sagen, für den Betreffenden die Welt mit Brettern vernagelt ist. Diese Vorstellungs- und Erkenntnisgrenze liegt sehr verschieden hoch und leider noch bei Vielen hübsch niedrig. Folge davon — dass eine grosse Zahl von Menschen von einer einheitlichen, aus eigener vernünftiger Erkenntnis erwachsenen Weltanschauung sehr weit entfernt ist, und dass selbst dort, wo ein einheitliches Weltbild vorhanden ist, dasselbe noch auf tiefer wissenschaftlicher Stufe stehen kann. — Zur Ehrenrettung der Menschheit muss allerdings gesagt werden, dass nicht immer dieser subjektive Faktor an einer niedrigeren Stufe des Denkens schuld ist, sondern häufig auch der Mangel entsprechender geistiger Anleitung. Vom Himmel fällt kein Gelehrter. Auch der schärfste Denker muss seine Kentnisse erwerben und seine Denkkraft üben. Auf die Anleitung kommt viel an. Nur kräftige Geister sind im Stande ihren eigenen Weg zu gehen. Wer einmal geführt werden muss, geht soweit, als man ihn führt. Wo man ihn stehen lässt, dort bleibt er stehen. Mancher aber ermüdet schon auf halbem Wege. So kommt es, dass der Schüler dem Meister nachhumpeln, ihn erreichen oder auch überflügeln kann. Umgekehrt — es ist zwar eine triviale Wahrheit, aber es schadet nichts, sie nochmals hervorzuheben — thut's der Lehrer allein auch nicht. Er muss wiederum den richtigen Stoff in die Hände bekommen. Aus Granit lässt sich kein vollendetes Kunstwerk meisseln. Umkehren lässt sich das Gleichnis freilich nicht. Denn auch der reinste Marmorblock formt sich nicht selbst zur Statue. Ein intelligenter Kopf kann aber aus sich selbst zum scharfsinnigen Denker werden und zwar besser, als unter der Leitung unzureichender Meister. Wer jedoch belehren will, der hängt in seinen Erfolgen von den geistigen Fähigkeiten des Schülers ab. Immer ist dies das Wesentliche — der geistige Horizont Dessen, zu dem man spricht, und welcher sich zwar erweitern lässt, in seinen äussersten Grenzen aber wohl schon von der Natur bestimmt ist. Nicht Wenige vielleicht, denen bloss ein feindliches Geschick es verwehrt hatte, umfangreiche Kenntnisse zu erwerben und ihre Gedanken in wissenschaftlich korrekte Wege zu leiten, hätten der Wissenschaft viel grössere Dienste erwiesen, als mancher — sit venia verbo! — wissenschaftliche Philister, der angeblich rein destillierte Wissenschaft predigt.

Noch ein zweites Hindernis bereitet der Popularisirung des wissenschaftlichen Denkens vielfach Schwierigkeiten. Es hängt aber enge mit dem vorgenannten zusammen. — Man kann sagen, ein Problem sei halb gelöst, wenn man seine Bedeutung begriffen hat. Man möchte aber kaum glauben, wie oft schon die Probleme an sich gar nicht verstanden werden. Ich will als Beispiel auf das Problem des Descendenzgedankens oder der Abstammungslehre hinweisen. Welchen Staub hat dieses Problem aufgewirbelt, zu welcher Entrüstung hat es manche Geister entflammt! Warum? Weil so Viele die Tiefe des Problems garnicht verstehen. Die Verachtung, mit der Manche über diesen Gedanken sprechen, der Schauder, der sie dabei überkommt und vielleicht in dem Ausruf endigt: Der Mensch vom Thiere abstammend — wie entwürdigend (!) — beweist, dass sie kein Gefühl für den Sinn und die tiefe Bedeutung dieses Gedankens besitzen. Denn sonst müsste jener, einer wahrhaft kleinlichen Eitelkeit und lächerlichen Selbstüberhebung entsprungene, dabei weder sachlich noch logisch gerechtfertigte Abscheu verschwinden gegenüber der Grossartigkeit und philosophischen Tiefe des Entwicklungsgedankens. Aber was ahnen solche Leute von Entwicklung, von dem langsamen Werden in der Natur, von den tausend und abertausend Jahren, die vergehen müssen, bis die Natur sich zu einer neuen Stufe in der endlosen Reihe der Erscheinungen emporschwingt! Der Gedanke ist für sie nicht vorhanden, sie vermögen ihn nicht nachzudenken. Daher verwerfen sie ihn. Sie wissen nichts von der überwältigenden Grossartigkeit des lebenden Organismus, von der überall der Erkenntnis sich aufdringenden Wesenseinheit der Organismenwelt, welche sich aus primitiven Anfängen zu jenem Geschöpfe emporgearbeitet hat, das jetzt noch vielfach den monströsen Eigendünkel hegt, die ganze Natur sei nur seinetwegen da! Mit ihnen ist über die Lösbarkeit und Art der Lösung des Problems gar nicht zu reden. Denn bevor die Diskussion beginnt, muss das Problem begriffen sein.

So geht es mit vielen Fragen. Zum Beispiel ist da noch das Problem der Realität der Materie! Nicht Wenige, die sonst gewiss nicht »auf den Kopf gefallen« sind, werden sich an die Stirne greifen und fragen, was damit gemeint sei, was denn real sein solle und könne, wenn nicht die Materie! Ein oder der Andere wird es gleich verstehen, Manche mit der Zeit. Anderen aber wird man's vielleicht zehnmal erklären können und sie werden es doch nicht begreifen. Da ist dann jedes Wort vergeudet, das man mit Beweisgründen verliert. — Um die Dreizahl voll zu machen: Ein sehr oft nicht verstandenes Problem ist das der Willensfreiheit, obwohl Jeder vermeint, gerade darüber besonders im Klaren zu sein. Dem ist aber durchaus nicht so. Wer diesbezüglich einige Umfrage gehalten hat, muss staunen, welche Unsicherheit und vor allem Unklarheit er bezüglich dieses Problems vorfindet, und wird wahrnehmen, dass relativ wenige den Kernpunkt erfasst haben. Die meisten denken an alle möglichen Arten von »Freiheit«, nur nicht an die, auf welche es dabei just ankommt. Da kann man dann die Erfahrung machen, dass man nach stundenlangem Herumreden am selben Flecke steht, wie zuvor.

Mit solchen — ganz gewaltigen! — Schwierigkeiten hat der Lehrer und Schriftsteller zu rechnen. Sie dürfen aber Denjenigen, der aus Liebe zum Wissen arbeitet, nicht abschrecken. Es ist dies ja nicht das einzige Gebiet, wo die individuelle Verschiedenheit der Menschen Gleichgültigkeit, Gegnerschaft und Feindseligkeit erzeugt! — Gerade der Gedanke, dass vielfach nur mangelnde Schulung des Denkens das Hauptübel ist, soll den wissenschaftlichen Schriftsteller zu freudiger Arbeit aneifern, denn in der Förderung dieser Schulung findet er, auch wenn sie nur vereinzelt gelingen sollte, den Lohn für seine Mühe. Eine Hebung des geistigen Gesammtniveaus wird niemals durch blosse Vermehrung des Wissens erzielt werden, Hand in Hand mit ihm muss das Denken kultiviert werden, um die Mittel zu einer richtigen Verwerthung des Wissensmateriales zu gewinnen. Es giebt ja Menschen, denen man nicht mit grösseren Anforderungen an das Denken kommen darf, nicht vielleicht immer deshalb weil sie nicht könnten, sondern auch weil sie nicht wollen, zu interesselos, zu geistig träge sind. Aller lebendige geistige Fortschritt beruht aber auf gegenseitigem Zusammenarbeiten zwischen Lehrendem und Lernendem. Bei der ebengenannten Kategorie von Menschen muss man allerdings auf das nöthige Entgegenkommen, welches den Willen zu denken voraussetzt, verzichten. Soll man aber darum den Anderen die Anregung vorenthalten? Und schliesslich ist es ja doch nur Anregung, was der Fachmann dem Laien bieten kann. Die Hauptaufgabe der populären Wissenschaft liegt darin, den Leser oder Hörer zu eigener Gedankenarbeit anzuregen. Kenntnis der erforschten positiven Thatsachen ist — bis zu einem gewissen Grade! — allerdings Vorbedingung. Aber nicht Endzweck. Auch das, was nur Problem ist, was nur auf dem Wege logischer und kritischer Gedankenarbeit sich fassen lässt, soll dem Laien zugänglich gemacht werden. Das gebildete Publikum soll nicht bloss zum Mitwissen und Mitbeobachten, sondern auch zum Mitdenken erzogen werden. Welche Wirkung die Anregung nach sich zieht, liegt allerdings nicht in der Hand Dessen, der sie ertheilt.

Manche glauben, das Publikum, das sich für Wissenschaft interessiert, wie ein geistig unreifes Kind behandeln zu sollen, dem man ein fertiges Gebäude hinstellen müsse, damit es zufrieden sei und sich zurecht finde. Mit theoretischer Kritik und fremdartigen widersprechenden — soll nämlich heissen: dem materialistischen Systeme widersprechenden! — Erörterungen und Problemen solle man dem Publikum nicht kommen. Es sei nicht vorgebildet genug und werde durch solche Dinge »höchstens verwirrt.« Ich könnte Belege für eine solche Ansicht anführen. — Ich überlasse es dem Publikum selbst, sich für diese gute Meinung zu bedanken. Ich kann den Standpunkt nicht theilen. Ich gehe nämlich von der Voraussetzung aus, dass auch der Laie nicht fragt, bloss um mit irgend einer Antwort abgespeist zu werden, sondern um eben zu erfahren, was man über eine Frage weiss und was und wie man darüber denken kann und darf. Dem Laien im Vertrauen auf sein geringeres Wissensmaterial Theorien als gleichsam feststehende Thatsachen aufzutischen, wenn man sich dabei bewusst ist, dass es doch nur willkürliche und oft vielleicht ganz haltlose Fiktionen sind, ist zum mindesten ein sehr unreelles Verfahren.

Gerade dem Laien, der aus Eigenem nicht

immer sofort die nöthige Kritik üben kann, soll man nach Möglichkeit in einer Weise kommen, dass er nicht bloss auf Treu und Glauben hinnehmen muss, sondern selbst mitdenken und somit eine eigene Einsicht in die oft vielseitige Gestaltung eines Problemes gewinnen kann — soferne er überhaupt dazu veranlagt ist. — Was die mangelnde Vorbildung betrifft, ist es auch nicht so schlimm damit. Wissenschaftliche Grundbegriffe und Kenntnisse sind ziemlich verbreitet und die Hauptsache bleibt doch ein klarer Verstand und scharfe Urtheilskraft. Wo diese Faktoren vorhanden sind, wird man kein so schweres Spiel haben. Ein klein wenig muss man sich aber auch anstrengen und für klare Gedanken auch einen klaren Ausdruck suchen. Dann wird es schon gehen. — Jener, von gewisser Seite befürworteten, stiefmütterlichen Behandlung des Publikums liegt auch die weitere, ganz irrthümliche Vorstellung zu Grunde, als lechze der Laie immer nur nach positiv feststehenden Thatsachen. Allgemeine Anregungen, Erörterungen, die ihm ein neues Gebiet erschliessen, die seinem Denken neue Ziele weisen, werden dem Laien oft viel lieber sein, als ein mit »Thatsachen« vollgepropfter dickleibiger Band — vorausgesetzt, dass er selbst nicht denkscheu ist. Wer aber schon eine solche Scheu bei der Mehrzahl seiner gebildeten Mitmenschen voraussetzt, der sollte die Feder lieber ganz aus der Hand legen. Denn Wissenschaft und Denken gehören nun einmal zusammen. Auch dürfte sich jeder Laie wohl im vorhinein dessen bewusst sein, dass sein Gehirn etwas mehr in Anspruch genommen wird, wenn er bei Frau Wissenschaft einen Besuch macht, als wenn er auf die Boulevards der Hauptstadt bummeln geht. —

Wenn von »Laien« die Rede ist, braucht man aber durchaus nicht bloss an die Freunde und Dilettanten der Wissenschaft zu denken. Der Begriff hat auch für viele Gelehrte Geltung. Bei der heutigen Zersplitterung der Forschung in eine Unmasse abgegrenzter Specialwissenschaften, ist mancher Specialgelehrte in anderen — wenn auch für ihn wichtigen, weil allgemeinen! — Fragen oft Laie vom reinsten Wasser. Ausschliessliches Specialstudium macht einseitig und verflacht.

Schliesslich bedenke man noch eines. Wenn auch Viele an theoretischen und kritischen

Studien interesselos vorübergehen, Andere finden doch das darin, was sie finden sollen — sie lernen, dass man auf wissenschaftlichem Gebiet nicht glauben sondern denken soll. Aus ihnen und ihren Nachkommen erwächst dann eine für wissenschaftliche und philosophische Forschung geeignetere Arbeiterschaar und dogmatische und unkritische Systeme wie der Materialismus werden leichter und schneller der verdienten Vergessenheit anheimfallen. Das gerade fürchten aber Jene, welche selbst über diesen primitiven Standpunkt nicht hinauskommen, und kämpfen nun dagegen, dass man das Publikum aufkläre und ihm zeige, dass die Wissenschaft andere Wege hat, die für ein fortschrittliches Denken würdiger sind. — Wenn dabei manches scheinbar Gewonnene verloren geht — was liegt daran! Das Interesse der Wahrheit verlangt es und das Preisgegebene war doch nur werthloses Flittergold.

Nicht die Fachgelehrten allein sind die Träger der Wissenschaft und der geistigen Entwicklung. Die ganze Menschheit ist es, soweit sie an den wissenschaftlichen Bestrebungen theilnimmt. Darum lasse man sie daran theilnehmen und fasle nicht von schädlicher Verwirrung etc. Soll man denn, bloss um denkfaule Gemüther nicht in ihrer behaglichen Ruhe zu stören, als unzureichend oder gar irrig erkannte Vorstellungen weiter wuchern lassen? Unsere naturwissenschaftlichen Materialisten, die sich mit Vorliebe »freisinnige Denker« nennen, legen selbst die Entwicklung des freien Denkens in Ketten und Fesseln, wenn sie die berechtigte und unvermeidliche philosophische Kritik zurückweisen und dergestalt nur einem neuen Dogmatismus den Boden ebnen.

Erst wissenschaftliches, vernunftgemässes Denken giebt wahre Freiheit — es befreit uns von dem Drucke willkürlicher, lebensfeindlicher Satzungen, es erlöst uns vom Banne des Aberglaubens und seinen oft grauenhaften und menschenunwürdigen Folgen, es lehrt uns die Menschen und ihre Thaten vom Standpunkte des natürlichen, gesetzmässigen Zusammenhanges begreifen, es lehrt uns dadurch Duldsamkeit und Verständnis für die Individualität und giebt uns bessere Mittel in die Hand, Irrthümer und Entartungen zu beseitigen, als uns in abstrakten und oft sinnlosen und naturwidrigen Satzungen gegeben sind. Diese wahre Freiheit des vernunftgemässen Denkens zu erringen, ist das Ziel der ernstgemeinten Forschung — Pflicht Derer, die sich diesem Ringen gewidmet haben, ist es aber, die Menschheit an demselben theilnehmen zu lassen, so weit sie will — und zwar ohne Beschränkung!